LETTRE

AU

CADI DE CONSTANTINOPLE

EN RÉPONSE

A LA PLAINTE PATRIOTIQUE ET FRATERNELLE

DE Me VOCAMBOLE,

AVOCAT-JOURNALISTE, EN ATTENDANT MIEUX,

PAR M. DURENCOUR,

BOURGEOIS DE PARIS.

PARIS,

CHEZ RORET, LIBRAIRE-ÉDITEUR,

RUE HAUTEFEUILLE, 12.

—

1852.

Des esprits malins, sortis de je ne sais où, prétendent que :

LA PLAINTE AU CADI DE CONSTANTINOPLE,

est l'œuvre d'un ami de l'auteur de l'ouvrage intitulé :

TABLEAU DES MISÈRES DE LA VIE POLITIQUE.

D'autres pousseront peut-être la perspicacité jusqu'à deviner que cette réponse est de M. Boyard lui-même.

Quelle apparence qu'un homme aussi grave, aussi raide, aussi morose, ancien député, ancien président de cour d'appel, et de plus homme de lettres, auteur d'ouvrages très-sérieux, se soit occupé de telles facéties ! — Nous affirmons.... non. — Nous n'affirmons rien. On nous accuserait de dissimulation. Qu'importe au surplus le nom de l'auteur ?... C'est l'écrit qu'il faut voir ; c'est son but qu'il faut juger ; c'est le succès ou l'échec qu'il faut décider, c'est, etc., etc., etc.

B.

Melun. — A. C Michelin, imprimeur de la préfecture.

LETTRE

AU

CADI DE CONSTANTINOPLE

EN RÉPONSE

A LA PLAINTE PATRIOTIQUE ET FRATERNELLE

DE Mᶜ VOCAMBOLE.

SEIGNEUR CADI,

Quoique je n'aie pas l'honneur d'être réfugié à Constantinople, par la raison toute simple que je respecte les lois de mon pays et que je regarde comme un devoir de résister à toutes les entreprises anarchiques de quelques couleurs qu'elles soient, j'ose espérer que vous me permettrez de repousser la plainte de Mᵉ Vocambole, qui me semble injurieuse pour l'auteur de l'écrit déféré à votre justice [1].

Peut-être les esprits superficiels trouvent-ils dans le TABLEAU DES MISÈRES DE LA VIE POLITIQUE des allusions offensantes pour certains personnages qu'ils admirent ; mais

---

[1] Il s'agit de l'ouvrage publié par M. Boyard, sur les élections démagogiques dont on menaçait la France pour 1852, intitulé : LES CANDIDATS DÉSAPPOINTÉS, TABLEAU DES MISÈRES DE LA VIE POLITIQUE, 2ᵉ édition, 1852, chez Roret, à Paris.

les hommes réfléchis, ceux surtout qui, comme vous, administrent la justice avec une rare sagesse, ne peuvent y trouver que des plaisanteries, qui, de tout temps, ont été permises et même recherchées en France, pays goguenard, s'il en fut, habitué à rire un peu de tout, et souvent imité par le reste du monde. Il nous est même permis de rire des oracles infaillibles des Cadis quand ils ont un côté plaisant, comme l'aura nécessairement celui qu'on sollicite de vous, délégué du Grand-Seigneur, pour statuer sur une question de presse périodique française.

Ainsi qu'à M⁰ Vocambole, il a plu à l'auteur de ce poème de me donner un rôle dans sa comédie, car, n'en déplaise audit maître, c'est bien le vrai caractère de cette production. Elle n'est pas plus un libelle que *le Lutrin*, que *Vert-Vert*, que *Tartuffe*, que *M. Jourdain*, que *Turcaret*, que *Don Juan*, ouvrages que vous ne connaissez guère peut-être, mais qui passent généralement pour des poèmes et des comédies, et nullement pour des libelles, bien qu'on y traite assez mal les chanoines, les religieuses, les faux dévôts, les parvenus, les médecins, les financiers, etc., voire même, ce qui est plus fort, certaines dignités de l'empire ottoman, telles que Mamamouchi et autres.

Je ne me suis pas faché, et je me garderai bien de me plaindre des avis un peu rudes que me donne l'auteur à moi personnellement, parce que je comprends comme Français, la nécessité de la liberté pour tout le monde et surtout pour les écrivains qui retracent et critiquent les évènements contemporains. Je vais plus loin. J'y applaudis, et comme je voudrais voir revivre l'esprit français, étouffé sous le jargon des romantiques, des démagogues et des orateurs ampoulés, je crois devoir repousser avec toute la confiance que m'inspire votre haute sagesse, les conclusions de l'avocat qui vous obsède par ses jérémiades d'assez mauvais goût. — J'entre de suite en matière :

Si l'illustre et facétieux *avocat-journaliste* qui a signalé au Cadi de Constantinople :

LE TABLEAU DES MISÈRES DE LA VIE POLITIQUE

s'était contenté de citer les passages qui lui ont causé quelque dépit, je me serais borné à le remercier de la peine qu'il aurait prise ; tout ce qu'on fait pour moi et mon parti, quelle que soit l'intention des faiseurs, excite ma reconnaissance, et, quand bien même il me serait démontré que la plainte dont nous nous occupons, SEIGNEUR CADI, est l'œuvre d'une malveillance calculée, je dirais encore à Me Vocambole, merci ! grand avocat, grand journaliste, merci mille fois ! et plus encore, si cela peut vous plaire.

Mais l'éloquent avocat, n'a pas su se restreindre à ce qui était dans l'intérêt de sa prétendue mission. Il s'est fait illusion comme tant d'autres qui se flattent d'avoir des causes, lors même qu'elles fuient devant eux.

Il a profité de son séjour à Constantinople, pour divaguer devant vous, SEIGNEUR CADI, ne plus ne moins qu'il divaguait jadis devant le tribunal de la Seine ; ne plus ne moins que s'il eût été honoré à tant par ligne ou tant par heure. Cela n'était pas fort adroit, qu'il nous permette de le dire ; car, trop parler nuit, même aux avocats. On donne ainsi plus de prise à la réplique et l'on compromet les intérêts des clients *quand on en a de réels*. Le doute est bien permis en cette circonstance ; car on ne sait pas trop comment Me Vocambole a pu se rendre à Constantinople en si peu de temps, ni comment il a pu y recevoir le mandat en vertu duquel il s'est présenté devant un juge d'instruction de la capitale de l'empire Ottoman. Bien des personnes pourront voir dans la plainte, dont il s'agit, le produit infiniment spirituel d'une brillante imagination gasconne, mais elles n'y verront pas de vraisemblance.

Quoiqu'il en soit, je ne le suivrai pas dans son argumen-

tation toute cicéronienne, et je ne vous parlerai ni de jalousie, ni de rancune personnelle ; — je me bornerai à relever les passages les plus saillants de son mémoire, et si
j'étais moins bref que je ne voudrais l'être, il faudrait s'en
prendre à l'avocat qui aurait, par sa dialectique et par son
éloquence, porté un grand trouble dans mon âme : moins
d'efforts de sa part, m'eût inspiré moins d'effroi.

L'ensemble de la plainte, SEIGNEUR CADI, est certainement fort amusant ; il y a, je crois, bien longtemps que
le parquet de Constantinople en a reçu d'aussi récréative.
. C'est en cela que je me fais un plaisir d'en signaler une
partie ; cela me paraît au moins aussi instructif que le journal qu'il rédigeait naguère à Paris.
Laissons de côté les considérations générales auxquelles
se livre le facétieux dénonciateur, et voyons s'il est possible de répondre aux reproches, ou d'atténuer les crimes
qu'il impute à notre auteur.

Son exposé est divisé en neuf parties ; c'est beaucoup,
mais personne ne dira que c'est trop, tant l'avocat-journaliste est spirituel et folichon.
Il s'occupe d'abord de la *presse périodique,* qu'il prétend
calomniée parce que le poète a pris la liberté de n'être pas
de l'avis de ceux qui chérissent, qui exploitent la licence et
la corruption. A l'en croire, vers et prose sont absolument
dénués de raison. Il se résigne pourtant à convenir que
CAMILLE et MARAT ont été les deux premiers journalistes du
XVIIIe siècle et les pères du journalisme en France. Un tel
aveu est déjà quelque chose, il prouve que Me Vocambole
n'est pas de ces avocats qui nient l'évidence quand ils ont
intérêt de le faire.
Que nous ayons des journaux infiniment supérieurs à
ceux de 1793, c'est un point incontestable ; que nous en

ayons d'aussi mauvais, eu égard au temps où nous vivons,
c'est hors de doute aussi ; mais cela n'exclut pas une troisième vérité, à savoir que nous en avons qui n'ont aucun
point de ressemblance avec leurs prédécesseurs, et contre
ceux-là notre auteur n'a pas dit un seul mot, au contraire.
On trouve, page 209, les vers suivants :

> Là ne paraissaient pas ces hommes politiques,
> Habiles défenseurs des libertés publiques,
> Qui, dans nos tristes temps, toujours prêts au combat,
> Des grandes questions éclairent le débat ;
>   Là n'étaient pas ces perfides lutins,
>   Dont le joyeux ou caustique courage
>   Donne la vie au piquant persiflage.
>   Ils ne vont pas aux battes d'arlequins
>   Prêter leur dos ou mêler leurs burins.

D'où il suit que Mᵉ Vocambole s'est placé, de son propre mouvement, hors des rangs de ces derniers, et, par
conséquent, dans les rangs de ceux qui sont modérément
flagellés, et pourquoi? uniquement pour les avertir qu'ils
ne font plus de dupes et qu'il est temps d'en finir avec les
jongleries avocassières et parlementaires.

Si nous abordons directement la dénonciation, nous y
trouvons bientôt l'expression d'une fraternelle indignation
sur les vers de la page 69, qui commencent ainsi :

> Le scandale fut grand, le succès magnifique.
>   Ainsi l'on manœuvrait
>   Sous l'ère monarchique,
>   Loyalement on s'entraidait,
>   On s'aimait, chacun y gagnait.
> Voilà, mon cher ami, la bonne politique,
> Et j'en ferais autant sous notre République.

Le plaignant s'est vivement écrié à ce propos : « Je vous
« le demande, de tels excès sont-ils tolérables ? »
On assure, SEIGNEUR CADI, que vous avez spirituellement

répondu par un sourire; si le fait est vrai, et il doit l'être,
c'est comme si vous eussiez dit : « Nous en voyons bien
« d'autres !... » le procès dès-lors serait jugé. — Il importe, cependant, de prouver que l'avocat des plaignants
s'est complètement fourvoyé; qu'il devait garder le silence
sur ce passage qui prouve précisément toute la modération de l'auteur du tableau incriminé, critiqué à Paris par
les uns, fortement appuyé par les autres.

Quel est, en effet, le vers que le plaignant trouve le plus
affreux, le plus attentatoire à son honneur, à sa délicatesse,
à la gloire de ses clients? c'est celui-ci :

ET J'EN FERAIS AUTANT SOUS NOTRE RÉPUBLIQUE.

J'en ferais !... c'est l'ex-journaliste qui parle; j'en ferais !
cela ne préjuge rien sur ce qui se fait par d'autres. J'en
ferais !... moi, l'homme d'autrefois, l'écrivain du temps où
les journalistes abusaient de la crédulité publique.

Que dirait donc le plaignant si le vers était ainsi tourné :

ET L'ON EN FAIT AUTANT SOUS NOTRE RÉPUBLIQUE.

Peut-être Me Vocambole sera-t-il cause que certains lecteurs, cédant à la pression de ses arguments, adopteront
cette variante, et que l'auteur cédant également à l'impul-
sion générale, aura la douleur de l'adopter aussi, comme
plus expressive que sa première pensée.

Le zèle du plaignant l'aveugle à tel point qu'il impute à
mal, même ce qui est favorable à ses clients; cela arrive
rarement aux avocats sains d'esprit. Me Vocambole ne le
serait-il plus ?... qui pourrait le croire? Voyons cela?

L'auteur a dit, page 2 de sa préface : « Point d'avocats,
« ce qui ne veut pas dire, *point de ces hommes studieux*
« *et honorables qui soutiennent nos intérêts devant les tri-*
« *naux*, CELA SERAIT ABSURDE. » Et le plaignant n'admet

pas cette distinction ! Il aime mieux reconnaître ses clients
dans ces mots de la page 3 , « Point de ces hommes aux
« passions cupides ou haineuses qui, déblatèrant contre tout
« gouvernement dont ils ne font point partie, ne s'agitent
« et n'agitent le pays que pour des passions déréglées ,
« pour des intérêts vulgaires ou des intérêts personnels. »
N'est-il pas vrai, CADI, que si Mᵉ Vocambole reconnait dans
ces derniers mots le portrait de ses clients, c'est lui qui
les outrage et non pas l'auteur de ces généralités, dont chacun, selon ses mérites, peut prendre la part qui lui revient
ou repousser celle qui ne lui convient pas ?

Mais passons sur ces vétilles et arrivons à quelque chose
de plus digne d'attention.

J'éprouverais peut-être un peu de difficulté à répondre à
ce que dit mon adversaire relativement à cette petite tirade,
qui n'est pas , il en faut convenir, sans quelque malice :

> Quand de longs plaidoyers on a touché le prix,
> On dit au demandeur : faites un sacrifice;
> Vos droits sont certains, mais du destin un caprice
> Peut, même à notre insu, les avoir compromis, etc., etc.

Il s'agit ici d'un abus qu'on reproche à certains avocats
plaidants ; le poète ne dit pas que Mᵉ Vocambole soit du
nombre, pourquoi donc se fâche-t-il si fort? Mais cet abus
les conseils de discipline le proscrivent, les juges le con-
damnent, notre auteur a donc pu le signaler à l'attention
de ceux qui ne le connaissent pas ; c'était engager les plaideurs à se tenir en garde ; voilà tout. — Malheur à ceux qui
blâment une telle franchise ! Elle ne peut blesser que ceux
qui ont fait ou feraient ce qu'elle flétrit. Ces autres vers :

> Une transaction, vous fut-elle onéreuse,
> Pour les meilleurs procès est une issue heureuse.

Ces vers, dis-je, sont l'expression de la pensée de tout

homme doué de quelque bon sens, et ceux qui suivent sont constamment dans la bouche de tous les gens qui jalousent la magistrature. Aucun magistrat, assurément, n'y verra une injure, car il n'y a, n'en déplaise à Me Vocambole, dans le premier, qu'une grosse sottise familière à ses pareils, et dans les deux autres, qu'une profonde vérité, reconnue par tous les magistrats.

> Les juges, après tout, prononcent à leur guise;
> Et, je le dis bien franchement,
> Une transaction vaut mieux qu'un jugement.

C'est dans cette partie du factum socialiste qu'on aperçoit parfaitement le but véritable de la plainte ; ce n'est plus de la discussion, c'est de l'extravagance, comme on n'en trouve ni aux audiences des tribunaux correctionnels, ni même aux cours d'assises, où l'on se croit tout permis, où l'on ne craint pas, chacun le sait, de hasarder les doctrines les plus dangereuses.

On reconnaît à l'aigreur du plaignant que le poète maudit a percé à jour les mystères du barreau-journaliste ; il semblerait que l'honneur du corps entier dépend de quelques vers malins. Cette puissance, sans pareille, tremble ; elle tombe en défaillance devant un bon mot. — Elle, si féconde en lazzis, en imputations calomnieuses, en attaques inconsidérées, en arguments captieux, en citations tronquées, en interprétations fallacieuses, ne peut supporter la réplique la plus anodine. Habituée à laisser tous les plaideurs étendus sur le carreau, livrés à la ruine et au désespoir, elle ne supporte pas qu'on examine ce qu'elle vaut, ce qu'elle fait, ce qu'elle veut, ce qu'elle doit faire. Quiconque doute de l'infaillibilité de ses oracles, diffame nécessairement l'ordre des avocats, comme s'il y avait la moindre affinité entre cet ordre auxiliaire de la justice et ces beaux phraseurs auxiliaires de la démagogie la plus effrontée !

A qui donc le plaignant espère-t-il faire croire que lui et ses acolytes arriveront jamais au niveau des notabilités où se recrutent la magistrature et les grands corps de l'État?

Me Vocambole bourdonne en vain autour du char gouvernemental; en vain il veut le guider ou le renverser; son rôle n'a jamais été, ne sera jamais que celui de la mouche de la fable. —J'en appelle à tous les avocats dignes de ce nom, et je suis convaincu que pas un seul ne se reconnaîtra dans ce Vocambole, type effronté de toutes les palinodies, orateur peut-être, mais dépourvu de raison; sans principes, sans logique, se faisant important pour devenir quelque chose, entraîné par spéculation dans l'opposition, et prêt à la trahir, si le pouvoir le dote d'un emploi. Magistrat en expectative, député, s'il peut, conseiller d'État, si l'on veut; se croyant propre à tout, en un mot, bien qu'en réalité, il ne soit propre à rien.

La mauvaise humeur du plaignant est telle qu'on croirait, en vérité, qu'il est un de ces infortunés qui font ressource de tout, ou qui sont possédés de la soif de se plaindre, comme si le prix qu'ils attendent de pareil service devait concourir à leur fortune, à leur renommée, à leur avancement en ce monde, à leur salut dans l'autre. Il veut absolument que la main du poète soit couverte d'un gant de velours sous lequel se cachent des griffes déchirantes. Il trahit ainsi les habitudes de certains avocats auxquels un langage outrageant tient lieu de science et de logique.

Ainsi, ce paragraphe 2, qui commence par cette sortie : « Pour quiconque sait lire, il est évident que les avocats-« journalistes sont les bêtes noires de cet auteur atrabi-« laire. » (Atrabilaire est excellent quand il s'agit d'une œuvre où l'on rit de tout, même des menées révolution-naires, qui cependant causaient peu de gaîté en 1851). Ce paragraphe 2, dis-je, est un tissu d'erreurs et d'insinuations mensongères et haineuses.

Que l'auteur du Tableau des misères de la vie politique ait peu de sympathie pour les avocats-journalistes, c'est possible; il n'a pas de raison de le nier, et je ne l'en blâmerai pas; mais lui attribuer de la haine, de la jalousie, c'est lui prêter les sentiments qu'on a.

Le paragraphe suivant, Seigneur Cadi, sur les orateurs ci-devant parlementaires, est traité avec beaucoup moins de vigueur que celui qu'on vient de lire. On voit que le plaignant n'est pas soutenu sur ce point par une passion personnelle. Je dois imiter sa discrétion avec d'autant plus de raison, qu'il n'y a pas, dans l'ouvrage que je défends, un seul mot qu'on y puisse blâmer comme attaquant aucune des notabilités parlementaires.

Qui donc, en effet, pourrait se plaindre de ces portraits qui ne font que relever des traits insignifiants de quelques membres, plus ou moins remarquables, de l'Assemblée dite nationale? Qu'y a-t-il donc d'injurieux pour les représentants, quand on dit d'un type, sans nommer personne :

> C'est un de ces êtres abstraits,
> Qui ne sont ni bons ni mauvais,
> Et se font une grande affaire
> De ne rien dire et ne rien faire.

Cela peut trouver son application dans la Chambre actuelle comme dans toutes les autres; que dirait-on, cependant, d'un législateur qui viendrait s'écrier : Je me reconnais!.... vous me diffamez?.... on ne pourrait qu'en rire.

La plainte, sous ce rapport, n'est donc qu'un véritable enfantillage, et je ne crois pas le moins du monde qu'il soit nécessaire de parler des autres portraits, dans lesquels Me Vocambole a eu le malheur de reconnaître quelques-uns de ses amis.

Que notre bilieux adversaire prenne sous sa maladroite

protection les orateurs de la ci-devant opposition parle-
mentaire, à lui permis ; mais il est fort douteux que ce
qu'on appelle les illustrations de cette époque lui sachent
beaucoup de gré de ce zèle ardent qui les défend ou plutôt
les compromet ; car les vrais orateurs, ces hommes dont
la parole tenait toute l'Europe attentive, n'ont aucun be-
soin d'être défendus puisque l'auteur ne les a nullement
attaqués. Loin de là, il a constamment soutenu et professé
leurs principes, il les soutient et les professe encore ; et
il exprimait certainement leurs vœux quand il écrivait en
1851 les vers suivants, de la page 252 :

O Raison qui nous fuis, quand donc ta voix prudente
Sera-t-elle chez nous magique et triomphante?
   Quand finiront tous ces cruels débats?
   Livrés pour toi qui ne les comprends pas ?
   Faut-il encor que la discorde impie
Ravive les fureurs que notre siècle expie?
N'est-ce pas déjà trop que dans son apreté,
La plèbe ait de ses mains détruit la liberté?
Faut-il, par ses excès, qu'une aveugle licence,
Du pouvoir absolu relève la puissance? etc., etc.

Le malheureux plaignant semble surtout avoir perdu com-
plétement la tête, quand il arrive à certain discours de la
page 154, qu'il traite de diatribe contre une des notabilités de la France. Ce discours est cependant le résumé
d'une multitude d'écrits, plus ou moins imprudents, éma-
nés de personnages très-haut placés jadis, et maintenant
très-compromis par les efforts qu'ils font pour renier leur
passé et *pour prouver qu'ils se sont lourdement trompés
en soutenant impérieusement un système insoutenable.*

Il ne manquait plus à ces notabilités que d'être souffletées
dans la personne d'un de leurs chefs, par la main d'un de
leurs défenseurs !... Quoi ! on ose dire que le morceau commençant par les vers suivants est un outrage contre un
puissant orateur !

Souffrez, messieurs, qu'avec sincérité,
J'expose ici la stricte vérité.
J'ai plus que vous, pendant longues années,
De mon pays pesé les destinées;
J'ai plus que vous, tenté d'approfondir
Un mal affreux que nous voyons grandir,
Cet amour de révolte au peuple si contraire,
Qui doit le ruiner, qui doit l'abatardir,
Et que soutient pourtant l'intérêt populaire.
Au nom du peuple on confisque les droits
Que lui donna la bonté de nos rois;
Au nom des rois, il faut qu'il les retrouve;
C'est là qu'est notre espoir; je le dis et le prouve.

On ose dire que ces vers couvrent celui qui les prononce
du ridicule de faire un discours insensé ! qu'un ennemi
qualifie ainsi ce discours, cela ce conçoit; mais que cette
qualification vienne d'un défenseur qui a sous les yeux les
brochures et les discours originaux dont ces vers reprodui-
sent le sens, c'est là ce qui est ridicule; — c'est là ce qui
est insensé; — c'est là ce qui est agressif au plus haut de-
gré. — *O servum pecus !* Voilà de tes coups !...

Mon adversaire, SEIGNEUR CADI, commence son paragraphe 5 de la manière la plus heureuse et la plus originale.

On voit qu'il espère, qu'il attend le retour au pouvoir de
toute sa clientelle. Il n'est pas le seul qui se berce de sem-
blables illusions. Les uns craignent, les autres espèrent;
la France seule est, sur ce point, dans l'indifférence, aussi
assiste-t-elle en souriant à ce remue-ménage légitimiste,
orléaniste, fusioniste et socialiste; elle a dit à chacun son
fait, elle sait ce qu'elle veut, elle sait qu'elle l'aura un
peu plus tôt, un peu plus tard; cela lui suffit.

Quant à notre auteur, il ne se préoccupe pas de l'avenir; il ne retrace que le passé, le temps fera le reste; il
n'espère ni ne craint le retour de personne; et lorsque, en

1851, il s'est demandé ce que c'est qu'un ministre, et qu'il a répondu catégoriquement :

C'est l'homme heureux qui chaque jour s'efface
Devant un roi qui l'adule ou le chasse.

Il n'était certainement pas (par la pensée) en présence d'un ministre de la République, mais en présence d'une éternelle vérité s'appliquant à tous les pays de la terre.

Quand il a dit ensuite cette autre vérité pratique et fâcheuse :

C'est un homme qu'on craint, qu'on déteste, qu'on loue,
En attendant qu'on le couvre de boue.

Il a traduit en vers un principe général qui s'applique à tous les grands pouvoirs, et dont ne sont même affranchis ni les empereurs, ni les rois. Il est donc absurde de lui reprocher d'avoir attaqué en cela quelque pouvoir que ce fût.

Mais si nous différons sur ce point, nous sommes entièrement de l'avis du plaignant, lorsque nous lisons ces mots de lui, sur les associations littéraires : « Les hommes de « lettres se doivent des égards ; ils ont droit à l'assistance « les uns des autres, et quand il s'élève entre eux quel- « que nuage, on doit se faire un devoir de l'écarter et ja- « mais un plaisir de le crever. » — Oui, tel est notre avis, et pas un des vers du poème ne déroge à ce principe. On feint de croire le contraire ; mais comment ? mais pourquoi ?

Comment ? En supposant à l'auteur un esprit d'agression contre la littérature contemporaine, dont on ne trouvera pas la moindre trace dans son ouvrage, la littérature est autre chose que le journalisme. Le journalisme est aujourd'hui l'antipode de la littérature, sauf deux ou trois exceptions. Je n'irais pas jusqu'à quatre.

Pourquoi cette feinte ? Parce qu'on sent que si l'on ne se plaignait qu'au nom des sots, que l'auteur a fustigés, on mettrait tous les rieurs de son côté.

Or, le plaignant s'est bien gardé de citer quelques vers
où se trouve très-clairement exprimé le but de son poème.
Ces vers sont à la page 19 ; les voici :

> Moi donc, qu'on ne voit pas, humble dans mes visites,
>   Suivre un troupeau de flatteurs parasites,
>   Qui vis de peu ; qu'on ne voit pas non plus
>   Dans nos débats dormir comme un perclus,
>   Et confiant le destin de la France
>   Au bon vouloir des rois ou de la Providence ;
>   Dans ces temps glorieux, je désire à mon tour
>   Appliquer ce qu'ailleurs on prône chaque jour.
>   Et, démasquant partout les sots dont il abonde,
>   Je veux, quoi qu'il m'en coûte, émerveiller le monde.
>
>   . . . .
>   Partout, pour moi, cela veut dire
>   Que de nos impuissants je me plais à médire,
>   Quels que soient les projets qu'enfante leur délire.

Y a-t-il, dans ces vers, la moindre allusion contre la littérature ? Y trouve-t-on un seul indice de querelles qui jadis
déshonorèrent les plumes philosophiques du xviiie siècle ?

N'est-il pas évident, au contraire, que notre auteur s'est
proposé une lutte contre la mauvaise littérature, et, par
conséquent, en faveur de la bonne ?

Nous arrivons, SEIGNEUR CADI, à un paragraphe qui contient, il faut en convenir, de bien excellentes choses sur l'association socialiste !... Avec quel tact l'avocat-journaliste
soutient cette thèse que tant de ses confrères ont victo-
rieusement combattue !... Tout cela est évidemment écrit
sous l'inspiration de M^{es} tels et tels que nous ne pouvons
nommer, tant nous haïssons les personnalités. Qu'avec plaisir on lit pourtant ses assurances de journaliste sur la dis-
parition complète du socialisme ! Qu'on aime à croire que
tout ce qu'on en dit n'est que de la vraie fantasmagorie !
Comme on est facilement convaincu qu'il y a du danger

à combattre ses adeptes, parceque c'est perpétuer l'idée que le parti existe encore!... Comme on doit applaudir d'après cela à cette qualification de diatribe donné au poème qu'on défère aux rigueurs salutaires du Cadi de Constantinople; et comme notre auteur doit être marri d'avoir vu les choses au rebours de ce qu'elles sont, selon le dire de son terrible adversaire!..

Ainsi les rapports des procureurs généraux, des juges d'instruction, ne sont que des diatribes.

Les réquisitoires devant les conseils de guerre, diatribes.

Les rapports des préfets sur les horreurs qui ont été commises, diatribes!

Les rapports des ministres sur les dangers qui menacent encore le pays, diatribes!

Les instructions du chef de l'État à ceux auxquels il a délégué son droit de grâce et de commutation, diatribes!

Les rapports de ces commissaires, se justifiant d'avoir signé un trop petit nombre de grâces, diatribes!

Il faut enfin se le tenir pour dit, les seuls hommes qui voyent juste sont précisément ceux qui ne voyent rien [1].

---

[1] Un de ces rapports mérite surtout de fixer l'attention générale; on y trouve les diatribes suivantes :

« J'ai pu constater l'état de l'esprit public de Tours à Bordeaux, de Bordeaux à Montpellier et Perpignan; je l'ai trouvé partout excellent. Partout, on apprécie vivement les grands services que vous avez rendus au pays. Parmi ces services, celui peut-être qui est le plus apprécié, c'est d'avoir débarrassé la société des éléments dangereux qui menaçaient de la dissoudre. Ce dernier sentiment a une telle vivacité, qu'il fait accueillir avec hostilité tout bruit d'amnistie.

« La circulaire de M. le ministre de l'intérieur et les mises en liberté qui en ont été la suite avaient produit le plus mauvais effet. Le parti entier des anarchistes avait relevé la tête; ceux des inculpés qui restaient encore entre les mains de la

Quant à nous, nous croyons fermement que tout n'est pas terminé ; nous croyons que notre auteur a vu très-sainement l'état du pays, nous croyons que ce que dit, page 181, l'orateur de la presse démagogique est conforme à la vérité. Nous pensons qu'il dit encore vrai, quand il sou-

---

justice avaient interrompu ou rétracté les aveux qui faisaient connaître à l'autorité les plans et l'organisation des sociétés secrètes. Ces fâcheux symptômes commençaient à s'effacer, lorsque la nouvelle de la mission de clémence dont étaient chargés les commissaires extraordinaires les a fait renaître, au point que, pour les calmer, j'ai dû ordonner que les convois de condamnés, arrêtés en vue de ma révision, reprissent leur route aussitôt cette révision terminée.

« Je reviens avec la conviction profonde que, dans tous les départements que j'ai parcourus, les commissions mixtes se sont pénétrées des instructions successives qui leur enjoignaient de ne frapper que les hommes réellement dangereux.

« Dans les Deux-Sèvres, la Gironde, la Haute-Garonne et l'Aude, elles n'ont péché que par excès d'indulgence. Puissent-elles n'avoir pas à se repentir d'avoir laissé échapper une occasion peut-être unique de désorganiser l'anarchie! Dans ces départements, les condamnations ne portent que sur quelques individus dès longtemps signalés par l'opinion publique comme des perturbateurs invétérés. . . . .

« Dans le Lot-et-Garonne, les Pyrénées-Orientales et l'Hérault, où les insurgés, en commençant les hostilités, avaient motivé de nombreuses arrestations, on a pu saisir les ramifications des sociétés secrètes. Le nombre des affiliés connus dépasse 30,000 dans chacun des deux premiers départements, et 60,000 dans le troisième, organisés par décuries et centuries, et prêts à se lever au premier signal. En ne frappant que les chefs connus, les condamnations se seraient élevées à un chiffre énorme. . . . .

« Les grâces individuelles que vous avez déjà accordées, Monseigneur, ont produit, en général, une mauvaise impression dans le pays; les vrais chefs de l'anarchie en ont seuls profité, parce que eux seuls ont pu se faire recommander; et ainsi s'est produit le scandale que vous vouliez surtout éviter, de voir les hommes influents échapper au châtiment, tandis que les aveu-

tient que c'est à sa plume qu'on doit l'ardeur qui consume
le peuple égaré, si l'on veut, mais égaré volontairement;
nous adoptons pleinement ces vers.

> Ignorez-vous que c'est par moi, par nous,
> Qu'on peut souffler la haine et le courroux;
> Qu'on peut hâter ou suspendre les coups?
>
> . . . .
>
> Le peuple qu'on abuse a de cruels retours.
>
> . . . .
>
> Tremblez, il est, il sera, ce qu'il fut.
> De cette main dépend votre salut.

Oui les socialistes terrifiés sont encore ce qu'ils furent,
les ennemis les plus acharnés de tout ordre social et ceux
qui les défendent, qui les soutiennent, sont de même va-
leur et de même poids dans la balance de l'association hu-
maine et de la justice divine.

Si l'on avait la-dessus quelque doute, il suffirait pour
les lever de parcourir, même en ce moment, les lieux où
l'insurrection s'est manifestée, on y verrait des désastres
de plus d'un genre; on y trouverait des femmes, des en-
fants, des vieillards abandonnés. On y verrait des habi-
tants effrayés des dispositions hostiles de ceux qui revien-

----

gles instruments allaient expier dans l'exil les crimes des vrais
coupables. Il serait à désirer qu'à l'avenir, et pendant longtemps encore, votre clémence ne s'exerçât que sur l'initiative
de l'administration locale. Elle seule peut apprécier sainement
l'opportunité d'une mise en liberté, la validité d'un repentir,
et, de même qu'elle n'a pas craint de s'attirer la haine de nombreuses familles en faisant partie d'un tribunal exceptionnel,
il est juste qu'elle puisse la calmer en devenant l'intermédiaire
indispensable de la clémence. »

Ainsi se trouve justifié tout ce que M. Boyard ne craignait
pas d'annoncer en 1851, quand les chefs des factieux parta-
geaient le pouvoir et se préparaient au combat pour 1852.

nent après avoir obtenu leur élargissement sur de vaines promesses dont ils rient.

On y verrait cette gendarmerie qui a montré tant de zèle, de courage, de prudence, baffouée par ceux qu'elle arrêta comme coupables et qu'elle surveille comme incorrigibles. On dirait, avec raison, non, la paix publique n'est pas encore consolidée; oui, l'auteur du poëme a pu justement signaler les ennemis de l'ordre à l'animadversion publique.

Oui, son livre est celui d'un bon citoyen.

Le paragraphe 8, sur la placide congrégation de robes courtes, contient la prétention la plus piquante de ce factum si piquant en lui-même. C'est là qu'on soutient que la reconnaissance officielle de l'illustre Compagnie de Jésus, légitime, autorise, entraîne la reconnaissance de toutes les moineries éteintes depuis 60 ans, ou qui du moins se cachent depuis 1791. — Il ne faut donc pas s'étonner d'entendre traiter d'attentat contre la liberté religieuse, des vers tels que ceux-ci :

> Allez, allez ; de votre propagande
> Il doit sortir une sainte légende.
> C'est votre avis, mais ce n'est pas le mien ;
> De vos efforts bigots il ne sortira rien.

Il est surtout abominable, selon le plaignant, d'appuyer de réflexions sensées ce que démontrent l'histoire et l'expérience , et de se permettre de dire :

> Vous ne ferez que de pauvres impies ;
> Pour le prouver il me suffit d'un mot :
> Des Capucins ont formé Diderot.
> Pour éclairer notre double hémisphère,
> Les frères d'Escobar ont élevé Voltaire,
> Et du pieux Tartuffe illuminé le père.
> Cela dit tout.

L'auteur ne fait aucun vœu contre le succès de cette vaste entreprise. — Que les moines reviennent d'Espagne

et d'Italie, rien de mieux; qu'ils fondent de nouveaux éta-
blissements, c'est à merveille; qu'ils envahissent l'ensei-
gnement, ce sera de mieux en mieux; mais en tout c'est la
fin qu'il faut voir, et la fin leur sera funeste, car le peuple
ne croit plus à l'infaillibilité ultramontaine, à la légitimité
des dîmes; il croit à la pleine et libre disposition de la
propriété. Il l'a, il la défendrait, il la conservera.

Le fougueux plaignant a réservé le reste de sa verve
pour son dernier paragraphe, où il soutient le congrès élec-
toral dont l'auteur a fait un club moitié comique moitié tra-
gique; cela en valait bien la peine. — Il dit un mot de ce
fait, que le poëme ayant été publié six mois avant les événe-
ments de décembre, on ne peut y voir des allusions à ces évé-
nements, et bien moins encore à ceux dont nous sommes
témoins depuis 1852; mais il déclare que c'est une ruse,
un faux-fuyant, et comme s'il plaidait devant le tribunal de
police correctionnelle, il proclame hardiment, doctorale-
ment qu'insister pour prouver qu'on est de bonne foi, c'est
prouver qu'on ne l'est pas.

Jamais peut-être, en effet, aucun congrès ne s'est tenu
dans une salle de structure semblable à celle que peint
notre auteur. Peut-être y a-t-il un peu de dérision, même
d'exagération; mais on n'est pas pendu pour cela.

Qu'importe, en effet, la décoration d'un local? c'est ce
qui s'y passe qu'il faut considérer, et à cet égard, l'exagération était impossible; ce sont ceux qui y figurent et surtout leurs doctrines qui doivent fixer l'attention. Or, le récit
des prouesses des membres de ce congrès est tellement
l'image des clubs et autres réunions que le plaignant n'al-
lègue aucune inexactitude. — Comment, éloquent Vocambole, vous ne niez rien et vous vous plaignez! La rancune
vous paralyse la vue! Il serait pourtant bien aisé de ré-

pondre à Paris plutôt que d'aller trouver un cadi de Constantinople. Il faut donc vous considérer comme dépourvu
de logique ou de faits concluants. Cela arrive assez souvent à vos pareils, mais ils ne se taisent pas pour si peu.
D'où vous vient donc cet excès de prudence? serait-ce de
ce que Paris a des yeux et des oreilles? Est-ce parce que
vous êtes convaincu, battu, anéanti? Aurez-vous quelque
jour la modestie d'en convenir? Oh! non, un avocat retors
ne fait pas de tels aveux. Pour un journaliste, passe encore, mais, vous, orateur obstiné, c'est une énigme dont
vous savez mais dont vous ne donnerez pas le mot.

Nous arrivons à la fin d'une tâche assez pénible pour les
lecteurs, et qu'il faut conséquemment abréger autant qu'on
peut; faisons grâce des causes du désarroi, et des dégrin-
golades du journalisme, en faveur du désappointement d'un
des journaux les plus grands, par le format, et des plus
soporifiques par l'étendue de ses colonnes; je suis infiniment heureux d'avoir un tel auxiliaire. Il en dit plus en
quinze lignes que notre auteur en quatre cents pages.

Cet article, extrêmement curieux, se lie intimement à
notre sujet, car il contient un trait de lumière qui, par le
temps qui court, a bien son prix. Jugez-en, SEIGNEUR
CADI. Notre auteur a rapporté dans les notes (page 286),
l'opinion du journal des *Débats*, en 1851, sur les torts du
journalisme envers l'opinion publique. J'analyse aujour-
d'hui une confession plus remarquable du *Constitutionnel*,
faite le 16 avril 1852, sur les torts du public à l'égard du
journalisme. — Cet article est si finement écrit, qu'on a
peine à le comprendre; mais on en peut extraire quelques
parties. Après avoir constaté que plus de cent journaux
ont été abandonnés du public depuis quatre mois, — il s'é-
crie : « Quel sentiment ce long nécrologe de la presse a-t-il
« éveillé dans le public? Nous ne saurions nous y mépren-

« dre ; ce n'a été ni la sympathie, ni le regret, même pour
« les journaux qui avaient rendu, dans les jours difficiles,
« *les plus incontestables services.* Il serait inutile de dissi-
« muler ce fait ; et pourquoi *ne concéderions-nous* pas de
« bonne grâce, au public, *le droit d'être ingrat*, puisque
« c'est un droit qu'il prend, quand on le lui refuse ? »

« Que ce dispensateur *capricieux de la faveur*, que ce
« maître *irréprochable* de toutes choses, s'applaudisse donc
« des coups qui frappent les journaux; *qu'il accompagne*
« *leur trépas* de l'oraison funèbre la moins bienveillante,
« comment l'empêcher, et à quoi bon s'en plaindre ? Haro
« donc sur les journaux, sur ces grands coupables qui ont
« perverti et démoralisé une société *si naturellement en-*
« *cline à toutes les vertus.* »

Cette contre-vérité est assurément d'une extrême délicatesse ; elle rappelle cette apostrophe d'un ministre à table
avec ses électeurs : *vous sentez-vous corrompus ?* On pourrait dire *au Constitutionnel*, qui vante *ses services* DÉSIN-
TÉRESSÉS : *vous ne vous sentez donc pas corrompus !...*

Ce qu'il y a de plus curieux dans cet article, c'est que le
Constitutionnel s'y loue de ses palinodies ; qu'il met au
rang de ses hauts faits, ses articles contre la loi du 31 mai
et ceux pour le suffrage universel, et qu'il oublie complé-
tement de nous dire combien de ses rédacteurs ont été victimes du courage qu'il a montré, *et combien de faveurs ont*
eté dispensées en reconnaissance des services; cela importe
peu; le public en sait assez; mais, en y réfléchissant, le *Cons-*
titutionnel trouverait peut-être dans les actes dont il est
si fier, la cause de la désertion de ses abonnés et celle de
la mort de bon nombre de ses confrères moins bien inspi-
rés que lui, et par conséquent moins bien récompensés.

Que le mot *désintéressement* fait un charmant effet à côté
de brevets de la Légion-d'Honneur, de nominations à des
emplois auxquels on n'aurait jamais dû penser ! *Le Cons-*

titutionnel a-t-il donc oublié les patrons de telles et telles candidatures, le signataire de telles nominations ? Il n'en faut pas douter, puisqu'il parle de son désintéressement.

Ainsi donc, il est bien entendu que le poème entier ne contient rien d'hostile à la presse honnête, à la tribune patriotique, au barreau vertueux, à un gouvernement honorable et régulier ; qu'il ne signale que les abus ; qu'il est d'accord avec tout le monde, en imputant à la licence, en tout genre, la perte de la liberté. Qu'il aurait pu, encore, démontrer qu'il y a, même à présent, autant et plus de liberté que sous la cruelle pression de la démagogie, inquiétant toutes les classes de la société, à l'exception de la lie, où fermentaient tous les excès ; pression dont la France et l'Europe étaient victimes ou tout au moins à la veille de l'être.

Il est enfin bien entendu que son Tableau des misères de la vie politique est dans le vrai pour les détails, comme il y est pour l'ensemble, et que, conséquemment, Seigneur Cadi, l'auteur n'a pas plus à redouter votre jugement qu'il n'aurait craint celui d'un tribunal français.

C'est pourquoi je conclus, Seigneur Cadi, non pas à ce que vous fassiez enfermer Me Vocambole dans un sac pour le plonger dans le Bosphore, mais à la plus légère correction musulmanne, dont l'effet sera d'inspirer quelque réserve, quelque modération, au mandataire prétendu des réfugiés socialistes.

Et ce sera justice.

DURENCOUR,

Bourgeois de Paris.